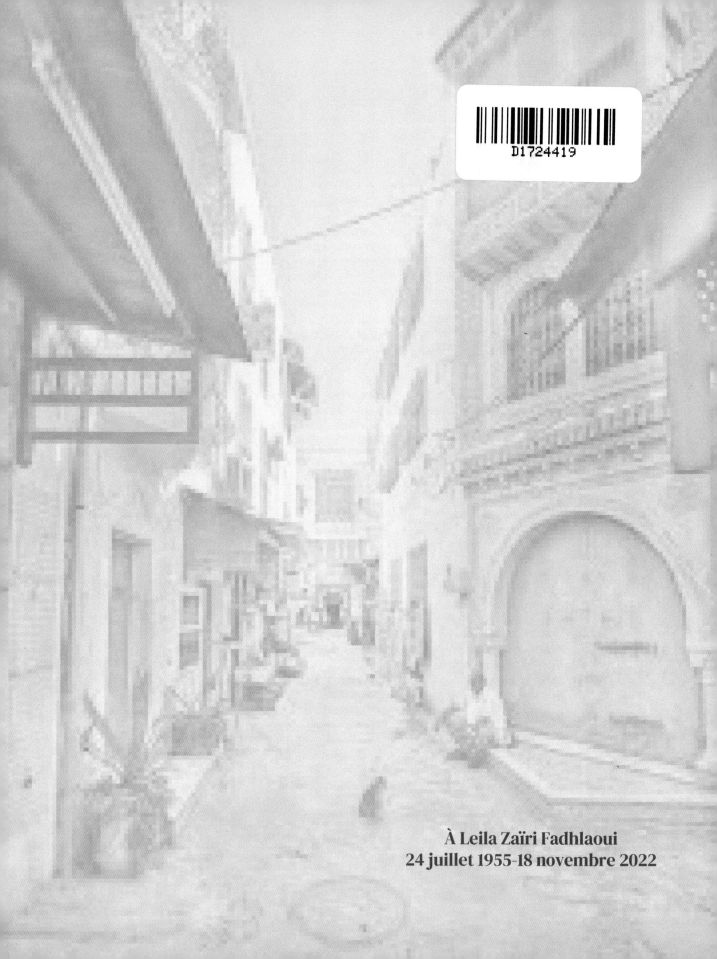

À Leila Zaïri Fadhlaoui
24 juillet 1955-18 novembre 2022

PRÉFACE

"Saveurs Éternelles : Hommage à Leila"

Chers lecteurs et gourmets en quête d'authenticité,
Il est des âmes qui laissent une empreinte indélébile dans nos vies, des esprits si lumineux qu'ils illuminent chaque recoin de notre existence. Leila, une femme exceptionnelle qui a quitté ce monde en 2022 à l'âge de 67 ans, était de cette trempe rare.
À travers ce recueil de délices culinaires, nous rendons hommage à son héritage unique et intemporel, à son voyage de Tunis à Paris, et à la richesse infinie de son amour maternel et de sa persévérance.

Leila, une pionnière de la vie, n'a jamais enfilé la toge universitaire, mais elle a traversé les écoles les plus authentiques, celles où les leçons sont inscrites dans le tissu même de l'existence.
De l'autre coté de la mer à 22 ans, elle a tissé sa propre saga de courage et de détermination, éduquant ses enfants dans une ville nouvelle tout en conservant les traditions chères à son cœur.
À travers les épreuves et les triomphes, Leila est restée une femme de caractère. Son esprit fort et son élégance naturelle étaient une source d'inspiration pour tous ceux qui la connaissaient. Sa capacité à mêler les parfums de deux mondes distincts, à fusionner le charme et la culture de Tunis avec l'effervescence de Paris, a donné naissance à une palette unique de saveurs et de sensations, qui se révèle maintenant à vous.

Ce livre de cuisine n'est pas seulement un recueil de recettes, mais un témoignage vibrant de l'amour et du dévouement d'une mère, d'une amie et d'une icône. Ces plats racontent l'histoire d'une vie bien vécue, de moments partagés autour de la table, de rires et de larmes échangés dans le creuset de la cuisine. Chaque recette est imprégnée de souvenirs, de traditions et d'un savoir-faire transmis de génération en génération.
Lorsque vous plongerez dans ces pages, laissez-vous emporter par les arômes envoûtants qui s'échappent des recettes chéries de Leila. Explorez les mille nuances de la cuisine qui incarne l'amour, la résilience et l'aspiration à la beauté dans chaque bouchée. Car en cuisinant ces mets, vous serez enveloppés dans l'étreinte chaleureuse de l'héritage qu'elle a laissé derrière elle.
À Leila, dont la vie a été une symphonie de saveurs, d'expériences et d'inspirations, nous dédions ces recettes. Puissent-elles vous transporter dans un voyage gustatif à travers les époques, les cultures et les souvenirs. Que ces mets vous rappellent que la cuisine est plus qu'une simple fusion d'ingrédients – c'est une œuvre d'art façonnée par l'âme.
Avec amour et gratitude,

Frida Batavia

SOMMAIRE

Frida Batavia

ENTRÉE

OUMEK HOURIA

salade de carotte à la tunisienne

- 4 carottes
- 2 gousses d'ail
- 1 c.à.s Harissa
- 1 c.à.c de tabel
- 3 c.à.s huile d'olive
- sel, poivre
- oeuf dur
- thon
- olives capre

Faites bouillir les carottes jusqu'à ce qu'elles soient cuites.

Égouttez dans une passoire et les transvaser dans un plat.

Ajoutez l'ail écrasé, l'harissa, le tabel, sel poivre.

Écrasez à la fourchette et mélangez bien le tout.

Arrosez d'huile d'olive. Servir dans une assiette garnie de thon, oeuf dur et olives et câpres.

Frida Batavia

BRICK AU THON

- Feuilles de brick
- Œufs (1 par brik)
- Thon en conserve
- Câpres
- Sel et poivre noir
- 1 c.à.s de persil frais haché
- huile pour la friture

Dans un bol, mélangez le thon émietté, les câpres, le persil frais du sel et du poivre. Réservez cette préparation.

Prenez une feuille de brick circulaire rabattre les quatre cotés vers le centre afin de former un carré.

Placez une cuillère à soupe de la farce au centre de la feuille de brick.

Formez un creux au centre de la farce pour y ajouter un œuf.

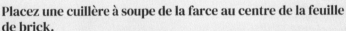

Cassez l'œuf dans le creux de la farce. Assurez-vous que le jaune d'œuf reste intact.

Pliez la feuille de brick pour envelopper la farce et l'œuf, formant un triangle. Repliez les côtés pour bien sceller la farce et l'œuf à l'intérieur.

Dans une poêle, faites chauffer de l'huile végétale à feu moyen.

Délicatement, placez le brik farci dans l'huile chaude et faites frire des deux côtés jusqu'à ce qu'il soit doré et croustillant.

Égouttez la brik sur du papier absorbant pour enlever l'excès d'huile.

Servez les briks bien chauds avec le jaune d'œuf mi cuit à l'intérieur et arrosé d'un filet de citron frais.

Frida Batavia

CHORBA FRICK

- 4 c.à.s d'huile d'olive
- 1 oignon, haché finement
- 500 g de viande coupé en dés (agneau, bœuf)
- 2 c.à.s de tomates concentrée
- 1 c.à.s de tabel
- 200 g de frick
- 2 branches de céleri hachées
- 2 gousses d'ail écrasées
- 1 botte de persil frais, haché
- 1 c.à.c d'harissa
- sel et poivre
- Jus de citron (pour l'assaisonnement)

Dans une grande marmite, faites chauffer l'huile d'olive à feu moyen.

Ajoutez l'oignon haché et faites-le revenir jusqu'à ce qu'il soit doré.

Ajoutez ensuite la viande dans la marmite et faites-la revenir avec l'oignon jusqu'à ce qu'elle soit légèrement dorée de tous les côtés.

Incorporer 2 c.à.s de tomates concentrée et les épices (tabel, sel et poivre) ainsi que l'harissa. Mélangez bien pour enrober la viande d'épices, de tomate concentrée et d'harissa. Laissez cuire pendant 2 minutes de plus, puis ajoutez le frick (vous pouvez le remplacer par du boulghour ou de l'orge)

Versez 2 litres d'eau bien chaude dans la marmite. Couvrez et portez à ébullition.

Dès que la soupe bout, réduisez le feu à moyen-doux et laissez mijoter à couvert pendant 35 minutes.
Quelques minutes avant la fin de la cuisson, ajoutez le céleri haché et l'ail écrasé laissez mijoter 5 minutes.

Servez la soupe bien chaude avec un filet de jus de citron.

Frida Batavia

SDER

Soupe de semoule

- 1 verre de semoule fine
- citrons confits
- Câpres
- 1 c.à.s de concentré de tomates
- 2 gousse d'ail haché
- 3 à 4 c.à.s d'huile d'olive
- 1 c.à.s d'Harissa
- tabel
- sel, poivre
- 1 c.à.s de Menthe séchée

Dans une grande casserole, faites chauffer l'ail, le concentré de tomates, l'harissa et l'huile d'olive avec un verre d'eau tiède. Laissez mijoter 10 minutes.

Ajoutez 1,5 litre d'eau chaude progressivement. Laissez mijoter encore 15 minutes.

Incorporez la menthe séchée et la semoule, en laissant cuire 5 minutes en mélangeant lentement avec une cuillère en bois.

Avant de servir, ajoutez les citrons confits coupés en dés et les câpres à la soupe, puis laissez cuire 5 minutes de plus.

Servez chaud, avec quelques gouttes de jus de citron frais.

Cette soupe épicée aux citrons confits est une explosion de saveurs, parfaite pour un repas exotique. Bon appétit !

Cette soupe épicée aux citrons confits est une explosion de saveurs, parfaite pour un repas réconfortant. Bon appétit !

Frida Batavia

KEFTEJI

Salade de légumes frit

- 3 poivrons
- 1 piment
- 300 g de potiron
- 2 pommes de terre
- 4 œufs
- 2 c.à.s de concentré de tomates
- 2 gousse d'ail
- Huile de friture
- 1 c.à.s de tabel
- Huile d'olive
- sel poivre

Épluchez et lavez soigneusement les légumes, puis coupez-les en cube.

Dans une grande poêle, faites chauffer l'huile de friture. Faites frire les pommes de terre, le potiron, les poivrons et les piments successivement (inutile de changer l'huile pour chaque légume). Laissez les légumes dorer légèrement.

Faites frire les œufs séparément jusqu'à ce qu'ils soient bien cuits.
Dans une petite casserole, faites chauffer un peu d'huile. Ajoutez le concentré de tomates et les gousses d'ail émincées. Incorporer les épices (sel, poivre et tabel). Ajoutez un demi-verre d'eau et laissez mijoter à feu doux pendant 10 minutes et réservez cette sauce tomate de côté.

Dans un grand saladier, mélangez tous les légumes frits, les œufs et la sauce tomate ensemble. Rectifiez l'assaisonnement si nécessaire et coupez l'ensemble avec des couteaux comme des ciseaux pour bien mélanger tous les ingrédients.

Au moment de servir, ajoutez un filet d'huile d'olive pour rehausser les saveurs.

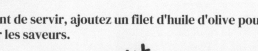

Bon appétit

Frida Batavia

SLATA MÉCHOUIA

Salade de poivron grillié

- 4 poivron (corne de boeuf)
- 2 piment
- 1 gouse d'ail
- 5 c.à.s d'huile d'olive
- 1 c.à.s de tabel
- sel, poivre
- Œufs dur
- Thon en conserve
- Câpres

Lavez et essuyez les poivrons et piments.
Allumez le four sur la position grill et placez les poivrons sur une plaque en les tournant régulièrement, de façon à ce que toute la peau soit grillée.

Placez les poivrons et piments grillé dans un sachet plastique ou une boite hermétique pendant 20 min.

Une fois refroidis et que leurs peaux se décolle facilement épluchez-les tous. Epépinez les poivrons et piment, coupez-les en gros morceaux et placez-les dans un mixeur et les hacher grossièrement.

Réservé dans un saladier.

Rajoutez-y les tomates pelé sans leur jus, les écraser du bout des doigt ou hacher au couteau grossièrement

Écrasez l'ail au presse-ail sur les poivrons et tomates.

Rajoutez-y l'huile d'olive les épices sel, poivre et le tabel . Mélangez bien.

Dans un plat de services, versez le contenu. Décorez d'oeufs en quartiers, thon, olives ou câpres

Servir bien frais accompagné d'un tajine et de bon pain maison.

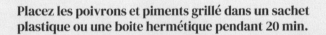
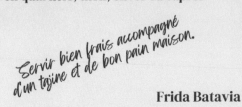

Frida Batavia

SALADE POMME DE TERRE CAROTTES

- 500 g de pommes de terre
- 300 g de carottes
- 1 oignon rouge
- 2 c.à.s de persil frais, haché
- 2 oeufs dur
- thon à l'huile
- 1 c.à.s de capres
- Sel et poivre
- 3 c.à.s d'huile d'olive
- 1 c.à.c d'harissa
- 1 gousse d'ail, émincée finement

Épluchez les pommes de terre et les carottes, puis coupez-les en cubes de taille égale.

Dans une grande casserole, faites bouillir de l'eau salée. Ajoutez les pommes de terre et les carottes coupées. Faites cuire pendant environ 10-15 minutes, ou jusqu'à ce qu'ils soient tendres mais encore fermes. Égouttez-les et laissez-les refroidir.

Pendant que les légumes refroidissent, préparez la vinaigrette à l'harissa. Dans un bol, mélangez l'huile d'olive, le jus de citron, l'harissa, l'ail émincé, le sel et le poivre. Goûtez la vinaigrette et ajustez l'assaisonnement selon vos préférences.

Une fois les légumes refroidis, transférez-les dans un grand saladier. Ajoutez l'oignon rouge finement émincé.

Versez la vinaigrette à l'harissa sur les légumes et mélangez délicatement pour bien enrober tous les ingrédients.

Ajoutez le persil haché pour apporter de la fraîcheur à la salade. Mélangez à nouveau.

Goûtez la salade et ajoutez du sel et du poivre supplémentaires si nécessaires.

Couvrez la salade et réfrigérez-la pendant au moins 30 minutes , afin que les saveurs se mélangent bien.

Servir décoré de thon, quartier d'oeuf et câpres.

Frida Batavia

SALADE BLANKIT

- Slata mechouia
- 100 gr de Thon à l'huile
- 20 Olives noires
- 2 Baguettes de la veille
- 1 c.à.s d'huile d'olive
- 1 c.à.s d'eau
- le jus d'un citron
- Harissa
- sel poivre

Prenez deux baguettes de la veille et les couper en tranches moyennes de 2 cm.
Faites-les toaster environ 5min à 180°c jusqu'à devient croustillant.
Émiettez le thon .
Dans un bol, mélangez l'huile d'olive, l'harissa, l'eau et le jus citron. Salez et poivrez
Faites tremper rapidement chaque tranche de baguette dans le mélange d'harissa.
Tartinez d'une cuillère à soupe de slata mechouia
Décorer de thon, de câpres et une olive.

servir avec un assortiment d'amuse bouche

Frida Batavia

11

TAJINE DE POULET

- 300 gr de poulet
- 6 c.à.s d'huile
- sel, poivre,
- 1 c.à.c curcuma
- 1 c.à.s de tabel
- 7 oeufs
- 1/2 botte de persil haché.
- 200 gr de fromage râpé.
- 2 œufs durs

Coupez le poulet en dés le faire saisir 5 minutes dans l'huile, y ajouter les épices et le persil.

Préchauffez le four à 180°C.

Dans un saladier, mélangez le poulet cuit, les œufs durs coupés
en petits dés et les œufs cassés en omelette.

Beurrez un plat de cuisson allant au four.

Versez le mélange de poulets et œufs dans le plat beurré, répartissez-le uniformément.

Placez le plat au four préchauffé et cuire pendant environ 30 minutes.

Vérifiez la cuisson avec une pointe de couteau, s'il ressort propre, c'est que le tajine est cuit.

Sortez le tajine du four et laissez refroidir légèrement avant de le découper et de la servir.

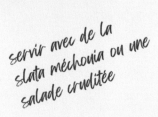
servir avec de la slata méchouia ou une salade cruditée

Frida Batavia

PLAT PRINCIPAL

Frida Batavia

KAMOUNIA

- 250 g de foie de veau, coupé en petits morceaux
- 250 g de escalope de veau coupé en petits morceaux
- 2 oignons hachés
- 3 gousses d'ail émincées
- 2 c.à.s d'huile d'olive
- 1 c.à.s de cumin fraichement moulu
- 1 c.à.c de paprika
- 1/2 cuillères à café de piment rouge en poudre (facultatif)
- 1 cuillère à soupe de concentré de tomates
- Sel et poivre noir au goût
- Eau
- Persil frais haché pour la garniture

Rincez soigneusement les morceaux de foie et l'escalope sous l'eau froide et égouttez-les.

Dans un bol, mélangez le cumin en poudre, le paprika, le piment rouge en poudre, du sel et du poivre. Réservez ce mélange d'épices.

Dans une grande casserole, faites chauffer l'huile d'olive à feu moyen.
Ajoutez les oignons et le concentré de tomates faites-les revenir.
Ajoutez l'ail émincé et les morceaux de foie et escalope dans la casserole et faites-les mijoter quelques minutes

Ajoutez le mélange d'épices que vous avez préparé et mélangez bien la sauce.

Versez suffisamment d'eau pour couvrir les morceaux de viande. Le liquide deviendra la sauce de la kamounia.

Réduisez le feu, couvrez la casserole et laissez mijoter pendant environ 30 à 40 minutes, jusqu'à ce que la viande soit tendre et que la sauce ait épaissi.

Goûtez la kamounia et ajustez l'assaisonnement en ajoutant plus de sel, de poivre ou de cumin selon vos préférences.

Servez la kamounia chaude, saupoudrée de persil frais et un petit oignon haché pour la garniture.

Frida Batavia

FARFALLES AUX FROMAGES

- 300 g de viande hachée
- 250 g de coulis de tomates
- 2 c.à.s de tomates concentrée
- 6 c.à.s d'huile d'olive
- 8 gousses d'ail
- 1 c.à.c d'harissa
- 1 c.à.s de tabel
- sel, poivre
- 500 g de farfalles
- 8 vache qui rit
- 100 g de gruyère
- 100 g d'édam
- 6 tranches de cheddar

Dans un faitout mettre la viande hachée avec l'huile, le concentré et les gousses d'ail, faites un peu saisir le tout.

Puis ajouter le coulis de tomates, bien mélanger, ajoutez l'harissa, le sel, le poivre, le tabel et les feuilles de lauriers.

Rajoutez 30 cl d'eau, bien mélanger. Faites mijoter à feu doux pendant 20 minutes.
La sauce doit être onctueuse, dense pas liquide.

Coupez en petits dès les différents fromages hormis le gruyère râpé, réservez.

Cuire les pâtes selon les indications contenues dans l'emballage.

Le dressage se fera dans un grand plat de service ovale en 2 couches superposées

Commencez par la moitié des farfalles, ensuite par la moitié des différents fromages coupé en dés ainsi que le gruyère et la moitié de la sauce tomate.

Rajoutez une autre couche des restants de pâtes, fromages et sauce tomates dans le même ordre.
Servir bien chaud

Frida Batavia

MARKA BOULETTES DE VIANDES ET ÉPINARDS

- 500 g de viande hachée
- 300 g d'épinard
- 1 oeuf
- 100 g d' emmental rapé
- 1 c.à.c de menthe séché
- 2 c.à.c de tabel
- 2 c.à.s de concentré de tomates
- 1 c.à.c d'harissa
- 2 gousses d'ail
- 4 c.à.s d'huile de tournesol
- Sel, poivre

Lavez bien les épinards et les faire cuire à la vapeur.

Égouttez-les et bien presser avec la main.

Hachez les épinards finement puis les mélanger avec la viande, le fromage râpé, l'œuf, sel, poivre, et une c.à.c de tabel.

Formez des boules, et les réserver.

Préparez la sauce, dans une casserole, chauffez l'huile, le concentré de tomates, l'harissa, faites revenir quelques secondes et ajoutez 2 gousses d'ail avec un demi verre d'eau.
Faire mijoter 2 minutes.

Disposez les boulettes sans les chevaucher dans la sauce, couvrir à hauteur avec de l'eau si nécessaire et laissez cuire 10 min sans mélanger.

Une fois que la sauce a réduit, mélangez délicatement les boulettes et ajoutez la menthe séchée.

Frida Batavia

Riz djerbien

Mettre l'huile dans un saladier, ajouter le concentré de tomates, l'harissa, les épices, l'escalope coupé en petits dés, bien mélangé.

Ajoutez le riz, toutes les herbes ciselées et les légumes.
Bien mélanger l'ensemble.

Faire cuire à la vapeur pendant 30 à 40 minutes selon le riz utilisé en remuant de temps en temps.

Vérifiez la cuisson des pois chiches, de la viande et du riz, si c'est encore ferme prolonger un peu la cuisson.

- 500 gr de riz
- 250 gr d'escalope de veau ou poulet
- 1 botte d'épinards ciselés
- 1 botte de persil ciselé
- 1 botte coriandre ciselée
- 1 poivron vert coupé en petits dés
- 1 tomate coupée en petits dés
- 1oignon coupé en petits dés
- 100 gr de pois chiches trempés la veille
- 80 gr de concentré de tomates
- 2 têtes d'ail hachés
- 2 c.à.c d'harissa
- 2 c.à.s tabel
- 1 c.à.c de curcuma
- 1 c.à.c Paprika
- 1 c.à.s de menthe sèche
- 3 c.à.s d'huile
- sel et poivre

Frida Batavia

MARKA MERGUEZ

- 400 g de viande haché
- 25 cl de coulis de tomates
- 1 oignon
- 4 gousses d'ail
- 2 c.à.s de tabel
- 2 c.à.c de paprika
- 2 c.à.c d'harissa
- sel, poivre
- 1 c.a.s de concentre de tomates
- 1 c.à.c de Menthe séchée
- Citron confit
- olives

Déposez la viande hachée dans un saladier, ajoutez 2 gousses d'ail écrasées, une cuillère à café de cumin, une cuillère à café d'harissa, une cuillère à café de paprika, du sel et du poivre. Mélangez bien le tout, puis façonnez des boudins.
Mettez de côté.

Préparation de la sauce :

Dans une marmite, faites revenir l'huile, l'oignon émincé, le coulis de tomates, 2 gousses d'ail, une cuillère à café d'harissa et le concentré de tomates pendant quelques minutes.

Ajoutez le reste des épices. Mélangez bien le tout en y ajoutant un verre d'eau.

Portez à ébullition, puis ajoutez les boudins de viande hachée.

Laissez mijoter à feu doux sans mélanger pendant une demi-heure en surveillant et ajoutez un peu d'eau si nécessaire.
5 minutes avant la fin de cuisson ajoutez le citron confit et les olives.

frida Batavia

FRICASSÉ TUNISIEN

Dans un saladier, versez la farine, le sel, le sucre et la levure. Mélangez bien. Ajoutez ensuite l'eau et l'huile.

Ajoutez un peu d'eau tiède si nécessaire et pétrissez jusqu'à obtenir une pâte légèrement collante.
Laissez reposer la pâte pendant une heure.
Après le repos, formez de petites boules avec la pâte et placez-les sur un plateau préalablement fariné.
Laissez reposer encore une heure.

Faites frire les fricassés dans un bain d'huile jusqu'à ce qu'ils soient dorés et croustillants.

Une fois cuits, fendez les petits pains en long et les imbiber d'une cuillère à soupe d'un mélange de citron, harissa et eau tiède garnissez les fricassés avec du thon, des œufs, des olives et les pommes de terre.

Dégustez-les chauds !

N'hésitez pas à ajuster les quantités et les garnitures en fonction de vos préférences personnelles. Bon appétit !

- 400 g de farine
- 1 sachet Levure boulangère
- 2 c.à.s d'huile végétale
- 200 ml d' eau tiède
- 1 c.a.c Sel
- 1 c.a.s de sucre
  Pour la garniture:
- 1 Pomme de terre bouillie et couper en petits cubes
- Olives noires et verts
- 2 Oeufs durs couper en lanières
- Harissa
- Thon
- jus de citron
- huile de friture

bon appétit

Frida Batavia

19

LÉGUMES FARCIS

- 500 g de viande hachée
- 4 petites pommes de terre
- 3 tomates
- 1courgettes
- 3 poivrons
- huile pour la friture
- 1 c.à.s de concentrer de tomates
- 2 c.à.s de tabel
- sel, poivre
- 1 botte de persil
- 2 c.à.c d'harissa
- 1 oeuf
- 1 gousse d'ail

Lavez les légumes, épluchez les pommes de terre, coupez la courgette en 3 tronçons.
Couper en deux les courgettes, les tomates et pommes de terre, creuser l'intérieure à la cuillère.
Coupez la tête des poivrons et les épépiner.

Dans ce saladier, mélangez la viande hachée, l'ail écrasé, le persil ciselé, l'œuf battu, une cuillère d'harissa et une cuillère de tabel. Saler, poivrer.

Farcir les légumes du mélange de viande hachée.

Précuire les légumes farcis dans un bain d'huile, faire frire quelques minutes sur chaque faces.

Dans une marmite, faites cuire l'oignon et la tomate concentrée dans l'huile laissez mijoter, ajoutez l'harissa, le tabel, sel, poivre et 3 verres d'eau, laissez cuire à feu doux pendant 10 min.

Dans un plat à four disposer les légumes farcis, ajoutez la sauce tomate (qui doit recouvrir les légumes farcis si besoin ajoutez un peu d'eau) enfourner pour 45 minutes à 210°.

Il doit rester un fond de sauce tomate et les légumes doivent être bien gratinés.

Frida Batavia

MARKA BROUKLOU

Beignet de choux fleur à la sauce tomate

- 500 g de viande de blanquette de veau
- 125 g de coulis de tomates
- 1 oignon
- 200 g de pois chiches trempées
- 5 c.à.s d'huile d'olive
- 1 c.à. de concentré de tomates
- 1 c.à.c de curcuma
- 1 c.à.c de piment
- 1 c.à.s de tabel
- 1 chou-fleur moyen
- 2 oeufs
- 8 c.à.s rase de farine
- 1 c.à.c de tabel
- Sel/poivre
- De l'huile de friture

servir chaud avec du pain maison

Commencer par faire bouillir une grande quantité d'eau salée et y faire cuire le chou-fleur découpé pendant une dizaine de minutes. Ne pas trop faire cuire les bouquets de chou-fleurs, ils seront panés et puis plongés dans la sauce tomate.
Egoutter les choux fleur et laissez refroidir
Dans un grand faitout, faire revenir l'oignon haché, la viande et les pois chiches dans de l'huile d'olive jusqu'à ce que les oignons deviennent translucides.

Ajouter le concentré et le coulis de tomate faire à feu moyen
Ajouter l'harissa , le sel et le poivre, 75 cl d'eau , couvrir et laisser cuire à feu doux pendant 35 min, verifier la cuisson des pois chiche si besoin prolonger la cuisson.

Dans un bol, mélanger les oeufs, la farine, le tabel et le sel et le poivre.

Tremper dedans les bouquets de chou-fleur et les faire frire dans une grande quantité d'huile. Une fois que les pois chiches et la viande sont bien cuits, ajouter les beignets de chou-fleur à la sauce tomate et laisser mijoter encore 10 mn. Ne pas mélanger pour ne pas écraser les bouquets de chou-fleur. La sauce doit être un peu liquide avant d'y plonger les beignets de choux fleur.

Frida Batavia

SAUMON EN CROUTE

- 1 filet de saumon (environ 400 g)
- 2 rouleau de pâte feuilletée
- 2 c.à.s de moutarde
- 2 c.à.s de crème fraîche
- 1 échalote finement hachée
- 1 gousse d'ail émincée
- 1 cuillère à soupe de persil frais haché (facultatif)
- Sel et poivre au goût
- 1 œuf battu (pour la dorure)
- Huile d'olive

Préchauffez votre four à 200°C (Thermostat 6-7).

Dans une petite poêle, faites chauffer un peu d'huile d'olive à feu moyen. Ajoutez l'échalote et l'ail hachés et faites-les revenir jusqu'à ce qu'ils soient tendres. Retirez-les du feu et laissez-les refroidir.

Dans un bol, mélangez la moutarde, la crème fraîche, le persil (si vous en utilisez) et les échalotes et l'ail sautés. Assaisonnez avec du sel et du poivre selon votre goût.

Étalez la pâte feuilletée sur une surface légèrement farinée. Placez votre filet de saumon au centre de la pâte.

Étalez généreusement la sauce à la moutarde sur le dessus du filet de saumon.

recouvrez avec la 2 ème pâte feuilletée sur le saumon pour l'envelopper complètement. Utilisez un couteau pour découper l'excès de pâte autour du saumon.

Pour donner à votre croûte la forme d'un poisson, utilisez un couteau propre pour découper les nageoires, la queue et les écailles sur la pâte.

Badigeonnez la pâte avec de l'œuf battu pour lui donner une belle couleur dorée.

Placez votre saumon en croûte en forme de poisson sur une plaque de cuisson recouverte de papier sulfurisé.

Enfournez dans le four préchauffé et faites cuire pendant environ 20-25 minutes, ou jusqu'à ce que la pâte soit dorée et le saumon soit cuit à votre goût.

Une fois cuit, retirez-le du four et laissez-le reposer quelques minutes avant de servir.

Servez votre saumon en croûte avec des légumes de saison ou une salade. Bon appétit !

Frida Batavia

Salma ya salama

Un homme des sables
Des plaines sans arbres
S'en va de son pays
Au-delà des dunes
Courir la fortune
Car le paradis pour lui
Ce n'est qu'un jardin sous la
pluie
Salma ya salama...

Dalida

Votre texte de paragraphe
Votre texte de paragraphe

Frida Batavia

DOUCEURS SUCRÉES

Frida Batavia

GATEAU ROULÉ À LA CONFITURE

- 4 œufs
- 125 g de sucre
- 125 g de farine
- 1 sachet de sucre vanillé
- 1 c.à.c de levure chimique
- Une pincée de sel
- 200 g de confiture de fraise (ou de votre saveur préférée)

Préchauffez votre four à 180°C (thermostat 6) et tapissez une plaque à pâtisserie de 30x40 cm de papier sulfurisé.

Commencez par préparer la génoise. Dans un grand bol, battez les œufs et le sucre ensemble jusqu'à ce que le mélange devienne mousseux et double de volume. Cela prendra environ 5 minutes. Ajoutez le sucre vanillé à la préparation et mélangez doucement.

Dans un autre bol, tamisez la farine, la levure chimique et le sel. Incorporez ces ingrédients secs à la préparation aux œufs mélangeant délicatement avec une spatule. Assurez-vous de bien mélanger, mais évitez de trop remuer pour ne pas perdre la légèreté de la génoise.

Versez la pâte sur la plaque à pâtisserie préparée et étalez-la uniformément en veillant à ce qu'elle atteigne tous les coins.

Enfournez la plaque dans le four préchauffé et faites cuire la génoise pendant environ 10-12 minutes, ou jusqu'à ce qu'elle soit légèrement dorée.

Pendant que la génoise cuit, préparez un torchon propre en le saupoudrant légèrement de sucre en poudre. Cela aidera à éviter que la génoise ne colle au torchon.

Dès que la génoise est cuite, sortez-la du four et retournez-la délicatement sur le torchon préparé. Retirez délicatement le papier sulfurisé.

Pendant que la génoise est encore chaude, roulez-la délicatement dans le torchon. Cela donnera à la génoise sa forme de rouleau. Laissez-la refroidir complètement dans cette position, cela prendra environ 30 minutes.

Une fois refroidie, déroulez la génoise avec précaution. Étalez uniformément la confiture de fraise (ou un autre parfum selon vos goûts) sur la génoise déroulée.

Roulez à nouveau la génoise, cette fois sans le torchon. Placez le gâteau roulé à la confiture de fraise sur un plat de service.

Saupoudrez le dessus de sucre en poudre, coupez en tranches, et c'est prêt à déguster !

Frida Batavia

CRÈME DE SORGHO "DROO"

- 100g de farine de sorgho
- 400 ml de lait
- 75g de sucre
- 1 cuillère à soupe de fleur d'oranger (facultatif, pour parfumer)
- chamia tunisienne (halwa)
- fruits sec (pistache,amande...)

laissez libre court à votre imagination pour décorer ce plat de vos fruit sec préféré....

Dans une casserole, mélangez la farine de sorgho avec le lait en veillant à bien dissoudre la farine.

Ajoutez le sucre dans la préparation et continuez à remuer. Vous pouvez ajuster la quantité de sucre en fonction de votre préférence.

Placez la casserole sur feu doux et commencez à remuer continuellement le mélange jusqu'à ce que la préparation épaississe et prenne une consistance crémeuse. Cela peut prendre environ 15 à 20 minutes.

Si vous le souhaitez, ajoutez la fleur d'oranger pour parfumer la crème de sorgho. Cela donnera une saveur agréable et aromatique au dessert.

Continuez à cuire la crème de sorgho pendant encore quelques minutes, en remuant constamment pour éviter les grumeaux.

Une fois que la crème de sorgho a atteint la consistance souhaitée et que le sucre est bien incorporé, retirez-la du feu.

Versez la crème de sorgho dans des bols ou des verrines individuelles.

Laissez-la refroidir légèrement à température ambiante, de sorte qu'elle reste tiède.

Parsemez de chamia tunisienne (halwa) et fruit sec selon vos préférences.

Frida Batavia

YOYO
beignet tunisien au miel

Le sirop
- 400 ml d'eau
- 500 g de sucre
- 2 c.à.s de jus de citron
- 2 c.à.s de miel

Pour la pâte à yoyos
- 60 g d'huile de tournesol
- 100 g de sucre
- 1 sachets de sucre vanillé
- 1 c.à.s d'eau de fleur d'oranger
- 1 sachet de levure chimique
- 3 oeufs
- 400 g de farine
- huile de friture

Saupoudrer de pistache en poudre ou de graines de sésames..........

Versez dans un saladier le sucre, le sucre vanillé, l'huile, l'eau de fleur d'oranger, la levure chimique et les œufs et battez-les jusqu'à ce que la pâte soit homogène.

Versez la farine petit à petit et pétrir la pâte pour que le mélange soit souple (ajoutez plus ou moins la farine si besoin)

Étalez la pâte sur un plan de travail fariné à l'aide d'un rouleau à pâtisserie (un centimètre environ)

Découpez la pâte à yoyo avec un emporte pièce en forme de cercle ou un verre à thé et faites un petit trou au milieu de chaque cercle de pâte pour former les beignets.

Faites ensuite chauffer l'huile dans la poêle et faites frire les yoyos jusqu'à ce qu'ils gonflent et qu'ils soient bien dorés.

Égouttez-les dans une passoire et réservez-les.

Préparez le sirop en versant le sucre, le jus de citron, l'eau et le miel dans une casserole.
Faites cuire à feu doux en remuant jusqu'à ce que le sirop s'épaississe légèrement.

Retirez du feu et laissez le sirop refroidir.

Plongez les yoyo dans le sirop laissez s'imbiber quelques minutes, égouttez et disposez dans le plat de service.

Frida Batavia

MINI MAKROUT

Le sirop
- 400 ml d'eau
- 500 g de sucre
- 2 c.à.s de jus de citron
- 2 c.à.s de miel

Pour la pâte à makrout
- 3 mesures de semoule moyenne
- 1 mesure de beurre fondu
- une pincée de sel
- 1 mesure de mélange eau et eau de fleur d'oranger
- pâte de datte
- 1 c.à.s d'amande en poudre
- 1 c.à.s de sésame
- 2 c.à.s d'eau de fleur d'oranger
- Huile de friture

Dans un grand contenant mettre la semoule en fontaine, verser au centre le beurre et le sel, sablez bien la semoule avec le beurre entre les mains.
Arrosez la semoule avec l'eau (à température ambiante) en mélangeant avec les bouts des doigts sans pétrir formez une boule de pâte , couvrir et laisser reposer.

Malaxez la pâte de dattes avec l'eau de fleur d'oranger et les amandes en poudres, formez des boudins pas trop épais et réservez.

Prendre un morceau de pâte de semoule et formez boudin un peu plus épais que le boudin de dattes, creuser une rigole pour mettre la pâte de dattes puis refermer en soudant bien les bords. Découper des petits cubes ou losanges.

Faites frire les losanges dans un bain d'huile bien chaude.

Les sortir du bain de friture à l'aide d'une écumoire, ensuite plonger les dans le sirop de miel puis faites les égoutter dans une passoire.

Parsemez de graine de sésames et dégustez

Frida Batavia

ASSIDA ZGOUGOU

Crème de graine de pomme de pins

- 250g de zgougou moulu
- 1 litres d'eau
- 150g de farine
- 100g de sucre semoule
- 1 c.à.s de fleur d'orangé

crème pâtissière
- 500ml de lait
- 100g de sucre
- 45g de poudre de crème ou de maïzena
- 4 jaunes d'œufs
- fruits sec (pistaches, amandes, pignons de pins et noisettes)

Mélangez la pate zgougou moulu dans 1l d'eau et mixer , passez au tamis fin.

Dans une grande casserole mélangez la farine, le sucre et la crème de zgougou, mettre sur feu moyen sans cesser de remuer avec une cuillère en bois.

Dès que la crème épaissie retirer du feu ajouter l'eau de fleur d'orangé.
Remplir des petits pots ou verrines à moitié de crème de zgougou et laisser refroidir

Entre temps préparez la crème pâtissière.

Mettre le lait à chauffer dans une casserole.

Mélangez le sucre et la maïzena dans un saladier et ajouter les jaunes d'oeufs et mélanger énergiquement au fouet.

A ébullition du lait , versez-le sur le mélange précédent (maïzena, sucre et oeufs) en remuant avec le fouet.
Remettre le tout dans la casserole.

Faites cuire la crème sur feu doux tout en fouettant jusqu'à épaississement.

Versez la crème pâtissière en couche d'un centimètre sur la crème de zgougou et servir décorer de fruits secs.

Frida Batavia

BOISSONS

Frida Batavia

THÉ À LA MENTHE

- 50 cl d'eau
- 1 c.à.s de thé vert
- 3 c.à.s de sucre
- 1 c.à.s de menthe séchée
- pignons de pin

Faites bouillir dans une casserole de l'eau, puis ajoutez le thé et laissez encore bouillir 5 minutes

Sur feu doux, ajouter le sucre et laisser cuire 5 minutes.

Ajoutez la menthe séchée, éteindre le feu et laissez infuser pendant 2/3 minutes.

Transvasez le thé dans une théière en le filtrant.

Servir bien chaud dans des verres à thé et ajoutez une cuillère à café de pignon de pin.

Vous pouvez remplacer les pignon de pin par des amande fraiche

Frida Batavia

31

SMOOTHIE AVOCAT DATTES

- 1 avocat mur
- 6 dattes dénoyautée
- 100 g d'amandes
- 4 c.à.s de sucre
- 75cl de lait

Laver les amandes sous un filet d'eau afin de les débarrasser de la poussière et résidus de pesticides.

Dans un mixer, mettre tous les ingrédients: l'avocat, les dattes, les amandes, le sucre et le lait.

Mixez jusqu'a obtenir un smoothie bien onctueux sans morceau de dattes ou d'amande, si le mélange est trop épais ajoutez un peu plus de lait.

Rectifiez le sucre si besoin.

Vous pouvez remplacer le lait par du lait végétal d'amande.

Servir bien frais parsemenez d'amande éfillé

CAFÉ TURC

- 3 tasse d'eau
- 1 c.à.s de sucre
- 2 c.à.c de café spécial café turc
- 3 c.à.c de fleur d'orangé

Dans une petite casserole, verser l'eau, puis ajouter le sucre et la poudre de café.

Laissez cuire sur feu doux , sans remuer.

Quand le café commence à bouillir éteindre tout de suite.

 Versez dans les tasses en répartissant la mousse dans chacune.

Ajoutez 1 c.à.c de fleur d'orangé dans chaque tasses, avant de servir.

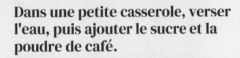

À déguster avec des gateaux sec tunisiens

Frida Batavia

CITRONNADE

- 1 kg de citrons
- 3 sachets de sucre vanillé
- 2,5 litres d'eau
- 300 g de sucre

À déguster avec des gateaux sec tunisiens

Lavez soigneusement les citrons, puis épluchez l'écorce de chaque citron à l'aide d'un économe. Gardez un quart de l'écorce sur le citron.

Coupez les citrons en quartiers, passer au mixeur pour en extraire le jus pâteux.

Versez le jus de citron fraîchement mixé dans un grand pichet ou un grand saladier pouvant contenir au moins 3 litres.

Ajoutez les 2,5 litres d'eau au jus de citron. Vous pouvez ajuster la quantité d'eau selon votre préférence pour le goût.

Mélangez le sucre et le sucre vanillé avec le jus de citron et l'eau.

Laissez infuser 15 minutes et filtrez le jus de l'écorce et des pépins.

Ajustez la quantité de sucre selon votre préférence.

Placez la citronnade au congélateur pendant au moins une heure.

Servez la citronnade tunisienne bien fraîche dans des verres avec des glaçons si vous le souhaitez.

Frida Batavia

JUS DE FRAISE GÉRANIUM

- 250g de fraises fraîches
- 1/2 verre d'eau de géranium
- 2 c.à.s de sucre (ou plus, selon vos préférences)
- 1/2 verre de glaçons (facultatif, pour un smoothie bien frais)

Commencez par laver soigneusement les fraises et retirez leurs queues.
Placez les fraises dans un mixeur ou un blender.
Versez l'eau de géranium sur les fraises.
Si vous souhaitez sucrer le smoothie, ajoutez le sucre selon vos préférences.
Si vous préférez un smoothie bien frais, ajoutez également les glaçons.
Mixez tous les ingrédients jusqu'à obtenir une consistance lisse et crémeuse.
Une fois le smoothie à votre goût, versez-le dans des verres.

Dégustez votre délicieux smoothie fraises à l'eau de géranium sucré, qui marie la douceur des fraises à la saveur florale du géranium, avec une touche sucrée pour plus de plaisir.

Frida Batavia

À LA MÉMOIRE DE LEILA : UN HÉRITAGE CULINAIRE EXCEPTIONNEL

En concluant ce livre de cuisine, je tiens à partager avec vous un sentiment profond d'héritage et de transmission. Les recettes que vous avez découvertes ici ne sont pas de nouvelles créations culinaires ou des innovations extraordinaires. Elles sont plutôt le reflet d'une cuisine tunisienne bien connue et chère au cœur de nombreux foyers.

Cependant, ce qui rend ces recettes exceptionnelles, ce n'est pas leur nouveauté, mais bien l'âme exceptionnelle de la femme qui les a transmises. Leila, ma belle-mère, était une de ces femmes exceptionnelles qui transformaient chaque repas en une expérience inoubliable. Elle avait le don de créer de la magie à partir des ingrédients les plus simples.

Sa cuisine était bien plus qu'une simple nourriture. C'était une déclaration d'amour, une démonstration de sa créativité et de son dévouement envers sa famille. Chaque plat qu'elle préparait avait cette touche personnelle, cette passion et cet amour qui la rendaient unique.

Aujourd'hui, en partageant ces recettes avec vous, je veux rendre hommage à Leila et à toutes les femmes exceptionnelles comme elle qui, à travers leur cuisine, ont façonné des générations de familles. Leur cuisine était un acte d'amour, une source de réconfort et de joie, une manière de créer des liens et de transmettre des traditions.

En écrivant ce livre, je veux m'assurer que ces recettes, bien que connues de tous, ne soient pas oubliées. Je veux que leur caractère exceptionnel, forgé par la main et le cœur de ces femmes extraordinaires, perdure à travers les générations.

Ces recettes sont un hommage à Leila, mais aussi à toutes les mères, grands-mères, tantes et sœurs qui ont partagé leur cuisine et leur amour avec nous. Elles incarnent la tradition, la culture et l'histoire de leur famille et de leur patrie.

En cuisinant ces plats, vous faites bien plus que préparer un repas. Vous honorez un héritage, vous maintenez le lien avec le passé et vous créez des souvenirs précieux pour l'avenir.

Que ces recettes exceptionnelles continuent de vous réunir autour de la table, de vous rappeler la force des traditions familiales et de célébrer la femme exceptionnelle qui les a transmises.

Avec gratitude pour Leila et pour toutes les femmes exceptionnelles,

Wafaa FB

Frida Batavia

Glossaire

ZGOUGOU

Assida Zgougou est un dessert typiquement Tunisien, très populaire il se prépare généralement pour fêter l'aid mouloud, c'est une crème sucrée à base de graines de pin d'Alep et surmontée d'une crème à la vanille et décorée avec des fruits secs.
 Communément dit Zgougou en dialect tunisien ce qui désigne ces graines noires de l'arbre de pin. « Assida » traduit rudement en pudding ou crème.
-C'est un dessert assez rustique délicieux en effet la crème de vanille adoucit le côté amer du zgougou.....

HARISSA

L'harissa est une purée de piments rouges aux épices originaire de la Tunisie. L'origine du mot harissa vient du verbe arabe harasa qui signifie « piler » ou « broyer » ce qui lui convient parfaitement.
Il existe pas mal de variantes selon les régions où on la prépare, mais on l'utilise toujours condiment dans les recettes pour assaisonner des sandwichs ou des plats comme par exemple le couscous ou le keftejis.
Pour les puristes, on devrait appeler cette recette « Hrouss » et non « Harissa », la harissa se préparant avec traditionnellement avec des piments rouges cuits à la vapeur, alors que le « Hrouss » est préparé avec des piments séchés, parfois même fumés.

SORGHO

La Farine de Sorgho, plus communément appelée Drôo, est essentiellement consommée pour le repas de l'aube "shour" pendant le Ramadan ou pour le petit-déjeuner des matinées hivernales.
Dans le cadre d'un régime sans gluten, la farine de sorgho se rajoute facilement à vos recettes de tous les jours tels que les gâteaux, biscuits, pains, muffins etc... Traditionnellement, cette farine est utilisée pour faire une crème dessert onctueuse au lait, mais aussi des gâteau et de la pâtisserie (des biscuits, ghraïba, des galettes, ...).

TABEL

Le Tabel Karouia est un mélange de coriandre, de carvi, de piments rouges et d' ail. Le tout est séché pendant de longue heure au soleil et réduit en poudre. Mais on peut y ajouter plein d'autres épices, c'est selon les goûts. Comme la plupart des mélanges typiques, chaque famille possède sa recette.

EAU DE GÉRANIUM

Cette Eau de Géranium (Aterchiya) provient des régions du Nord de la Tunisie où il est de tradition de distiller des fleurs de géranium dans un alambic artisanal depuis plusieurs générations.
Que ce soit pour accompagner une salade de fruits, en pâtisserie ou tout simplement dans une boisson, quelques gouttes suffisent pour libérer un doux parfum.

CAFÉ TURCS

Le café turc est la méthode de cuisson du café la plus couramment utilisée en Turquie, qui a été découverte pour la première fois par les Turcs et a commencé à être utilisée à travers les pays du Maghreb. Il a un goût et une odeur uniques avec son propre broyage (trés fin) et sa propre cuisson.

Frida Batavia

FRIDA BATAVIA

Printed by Amazon Italia Logistica S.r.l.
Torrazza Piemonte (TO), Italy

56295453R00022